NOUVEAUX AILES

Et d'autres poèmes

Initialement écrit en Tamoul par
AR. Arul Selvan

Traduit par
Esthur Rani Rasiah

Edité par :
Mohamed
Services linguistiques Transcloud
Chennai

NOTION PRESS

NOTION PRESS

India. Singapore. Malaysia.

Au Père...
(La personne qui m'a encouragé à écrire et
qui vit désormais dans mes souvenirs)

Contenu

1. TAMOUL

Ayant appris un bon tamoul

Et acquis une compétence poétique

Des souffrances qui se sont succédées

N'a pas été affecté.

2. TAMILIEN

Tamilian est le pionnier mondial
Il est le miroir qui reflète le comportement
humain !

Quand le monde ne pensait qu'à la nourriture
Il pensait constamment à la bonne moralité !
Quand beaucoup connaissent la langue
uniquement pour parler
Il a écrit une grammaire de la vie en tamoul à
prendre !
Il excellait dans l'art et sentait la fleur d'amour
Il admirait une valeur inestimable comme des
yeux pour toujours !
Il fabriquait des choses au fourneau et aimait
la vie de labeur
Il sentait que la renommée est stable dans le
monde inconstant !

Tamilian est le pionnier mondial
Il est le miroir qui reflète le comportement
humain !

Amoureux des traditions, il a accueilli les
autres
Il a perdu tous ses mérites face à des foules à
l'esprit renard !
Le Tamilien tombé tente avec ténacité de se
relever
Combien d'épreuves il endure pour regagner
installation!
Même si les malheurs s'ensuivent, il trouve un
compagnon comme trésor
Il discerne que c'est du Tritamil qui fleurit le
plaisir !
Il commence à briser les barrières avec l'aide
de sa langue maternelle
Il a tendance à acquérir une renommée sur
terre qui conquiert le ciel !

Tamilian est le pionnier mondial
Il est le miroir qui reflète le comportement
humain !

3. TÉMOIN

Vue d'un jeune croissant dans le ciel

Circonférence du mont qui épouse les nuages

Rivière qui murmure que

flux

Musique de l'eau glissante des chutes

Lever de soleil enchanteur

Réconforter le cœur des femmes

Des vagues qui roulent en chantant

Changements d'expérience au printemps

Tapis de brouillard sur l'herbe

Sourire des pauvres qui travaillent

La nature règne dans tout cela

Nos yeux en sont témoins !

4. LA QUÊTE ET LA SOLUTION

Le Dieu existe--réel ou pas ?

Ne perdez pas de temps à discuter de cela !

Parce que--

Le monde n'atteindra jamais

Un consensus « C'est Dieu ! »

Bien!

La croyance en Dieu est-elle nécessaire ou non

?

Si la croyance vous apporte la bonté

Laissez-le rester !

S'il n'y a aucun avantage à croire

Laissez-le partir !

5. QU'EST-CE QUE BESOIN

Oh, Oiseau...!

Nous soupirons en vous regardant !

Nous avons besoin d'un esprit aussi vaste que
le vôtre !

Ayez ça,

Avons-nous besoin d'ailes ?

Ou des relations comme la vôtre ?

6. RELIGIONS

Notre gouvernement qui

Lutte contre la drogue,

Nourrit une drogue légalement !

Oui,

C'est ça la religion !

Les inventions de l'homme

Se perturber !

L'ordinateur

Lui arrache ses œuvres !

La religion

Le divise des autres !

Laissons les religions

Éloignez-vous de la terre !

Et même avant ça

Laissez-les sortir

De l'esprit de l'homme !

7. LES VAGUES

Oh!
Les vagues, les beaux arts !
Tu roules sans relâche, Car tu sais,
La paresse engendre des problèmes ?

Quand on te voit,
Danser dans l'arène marine,
Nous avons oublié nos malheurs
Et nous sommes éclairés !

Quand tu fais un tour
Au bord du rivage,
Par oubli,

Tu laisses les coquilles qui
Vous apportez avec vous !

Vous revenez immédiatement
Pour les rechercher !

Pensez-vous

Pouvez-vous les récupérer ?

Tu ne le sais pas

L'humanité a des adeptes

Dans des choses lointaines

Ceux-là appartiennent à d'autres ?

8. LES NUITS

Les nuits sont douces et apaisées !
Mais les actes des nuits sont
Déroutant et incomplet !

Le ciel se remplit de joie
A l'avènement de la nuit !
Il accueille la nuit
Avec le sourire qui éclate
Par ses dents de star !

Est-ce que la mer
Un ennemi de la nuit ?
Il crie partout
Pour le renvoyer !

Les philosophes,
Les savants,
Les chevaliers et
L'ambitieux
Trouvez la nuit un défi !

Pour la plupart, ils perdent leurs défis

Dans la nuit,

La nuit est un défi pour eux !

De toute façon-

Comme le sont les nuits

Convient pour le désir et le sommeil

Ils sont apaisants et doux !

9. LES ESPRITS

Les esprits sont...
Les demeures de la vérité !
Les bases du monde !
Le pivot du mouvement humain !

Les sources des désirs !
Les mines merveilleuses,
C'est une profondeur introuvable !

L'esprit porte de nombreuses pensées
Doux et rugueux et suavesse
Voilà les couleurs sont nombreuses !

L'humanité continue de se battre
En silence avec l'esprit !
Quand les deux se mélangent-
Les classes de la société disparaîtront !
Le ciel descendra sur terre !

10. CRÉATURES BALMANTES

Est-ce juste que

Fermeture de l'entrée

De ton coeur

Quand j'ai osé

Répondez aux questions qui

Tu es passé à côté de tes yeux !

Pourquoi n'as-tu pas réalisé

Le bonheur que

Mon cœur s'est senti

Quand il a trouvé les réponses

Pour les questions

De tes yeux ?

j'espérais

Votre pensée serait

Mûr comme une fleur de mangue !

Mais tu l'as prouvé

C'était du jasmin !

j'ai souhaité

Gagnez le monde et

Offrez-le-vous !

Mais hélas !

Maintenant ma présence

Dans ce monde

Pourrait être ressenti seulement

Par le récit des autres !

Seules les vagues,

Montagnes et oiseaux

Sont baumes

Les blessures du cœur

C'est vous qui l'avez fait !

11. LES DÉSIRS

La machine roule-t-elle sans carburant ?

Le monde bouge-t-il sans désirs ?

Les désirs des poètes sont en saveur

Les désirs des jeunes sont liés à l'amour

Les désirs du chercheur sont constructifs

Les désirs des pauvres sont toujours avides !

Même si la vie humaine est une courte histoire

Les désirs du cœur sont l'histoire courante !

Négliger le conseil « Renoncer au désir*

Nourrit vos envies !

Mais

Que les désirs soient vertus !

Laissons l'humanité obtenir

L'élévation par les désirs !

12. PUZZLES DE LA VIE

Des pensées comme des fleurs en papier

Les couleurs de la dispersion

Les trous qui te font trébucher

Les cœurs qui ne sont jamais constants !

Les pieds qui ne connaissent pas le chemin

Les chansons qui ne connaissent pas la langue

Les rêves qui surgissent le jour

Les liens qui ne correspondent pas à l'esprit !

Les émotions au sens

L'ennui du corps

Les questions qui n'ont pas de réponse

Les pénitences qui n'apportent aucun gain !

Les désirs qui ne sont pas satisfaits

Les bateaux qui n'atteignent pas le rivage

Les naissances qui remplissaient quotidiennement

Les morts qui attendent demain !

13. SCIENCES

Peut-on empêcher le tonnerre ?

Peut-on déchirer les ténèbres ?

Peut-on chasser la maladie ?

Peut-on voler dans le ciel ?

"Je peux faire... Je peux faire..."

Dit la science !

Matériel inventé,

A atterri sur la lune,

J'ai brisé l'atome

Et dit maintenant-

Il sera possible de supprimer

Le mot "Je ne peux pas"

Du dictionnaire !

14. POLITIQUE

N'est-il pas naturel que

Le couteau du sage

Epluche les fruits

Et le couteau des méchants

Vole la vie ?

La politique

Que la propriété des gens

Ressemble au couteau !

Si l'honnête le tient,

Les résultats sont très bons !

Quand le vil le tient,

Ça fait un désastre

Au donateur !

15. POURQUOI LUNE ?

Oh Lune....

Belle lune......!

Pourquoi te caches-tu derrière les nuages ?

Est-ce que les yeux de tous les hommes pullulen

Sur toi avec passion ?

Oh Lune....

Lune en fleurs...... !

Pourquoi paraissez-vous maigre certains jours ?

Voyez-vous les tailles fines

Des dames qui prononcent des paroles affectueuses ?

Oh Lune....

Lune succulente......

Pourquoi diffusez-vous des rayons de lumière froide ?

Souhaitez-vous provoquer une attirance

Aux yeux des amoureux prononçant des
paroles fruitées ?

Oh Lune....
Lune blanche et brillante...... !
Pourquoi voyagez-vous vite dans le ciel ?
Voulez-vous donner de la joie et du bonheur
Au prolétariat qui travaille dur au quotidien ?

Oh Lune....
Lune Nobel......!
Pourquoi disparaissez-vous plus tard ?
Aimez-vous dire au message que
« Tous les êtres vivants disparaîtront en un jour
? »

16. OÙ?

Chères Dames...!

Même si le monde

Regorge de nombreuses langues

Où as-tu appris

L'art de parler avec les yeux ?

Même si tu ornes

Avec de nombreux bijoux

Où as-tu eu un sourire

Cela les surpasse tous !

17. ELLE

Belle statue

Des yeux artistiques

Lèvres de jacquier

Poitrine deux montagnes Fil comme une hanche

Banyan part entre les cuisses !

18. AMOUR

L'attrait

Cela évolue naturellement

Dans les coeurs !

La servitude qui

Rien ne peut démonter !

Celui qui fait des recherches

C'est son origine et sa croissance

Cela finira sûrement par un échec !

Il n'a que le pouvoir

Pour changer un noyau en fruit !

Et une épine à fleurir !

C'est une grande question-

Quand le monde approuverait-il cela ?

La liste derrière

Roméo-Juliette

Saleem-Anar

Ambikapathie-Amaravathy

Cela continue jusqu'à ce jour !

19. ALORS VOUS...

Mon cher...

J'ai envie de réclamer ton cœur !

Mais vous refusez même de jeter un coup d'œil

!

Je prie pour ton amour !

Mais tu ne réfléchis même pas

À propos de moi dans votre esprit !

J'essaie de te changer !

Je ne peux pas ?

Alors j'essaie de t'oublier !

Je ne peux pas faire ça aussi ?

Non, je peux !

Oui, je peux !

Savez-vous comment ?

Quand j'épouserai la mort...

Alors je peux...

20. DÉFAITE

Bien qu'il soit un vaillant chevalier

Pour contrôler les taureaux féroces,

Bien qu'il soit un guerrier talentueux

Pour vaincre les ennemis grossiers-

Hélas!

Il a rencontré la défaite dans le combat

Avec des yeux de fille !

21. LE SAVEZ-VOUS ?

Mon ami...
Écoutez... je vous le dis seulement !

Tu sais combien il m'aime !
Mais pourquoi est-ce que je lui fais mal au
cœur ?
Est-ce un amour démesuré ?
Ou par ma féminité ?

J'ignore ses paroles d'amour
Quand il me les dit !
Mais j'ai envie d'eux
Après qu'il m'ait quitté !

Je ne le vois pas ces jours-ci ?
Pourquoi est-il si en colère contre moi ?
A-t-il pensé que
Je suis une femme fière ?
N'est-il pas conscient que
Toute ma beauté l'attend ?

Mon ami...

Est-ce qu'il le sait au moins

Lui seul est ma vie ?

22. MOI ET ELLE

C'était une période agréable où la brise fragile flottait

J'ai savouré la nature avec une charmante dame !

Il y avait un arbre devant nous et

Deux perroquets étaient sur une branche de l'arbre !

Ils parlaient d'histoires de mariage avec bonheur !

« Entendez-vous les paroles fruitées des perroquets ?

Est-ce que toutes les langues sont nées et ont grandi à partir d'elles ?

» Elle a demandé avec des yeux émerveillés ouverts !

J'ai dit après avoir savouré sa merveilleuse beauté,

"Les mots des perroquets sont-ils égaux ou correspondent-ils

Aux mots affectueux que tu prononces ?

La douceur surpasse-t-elle lorsque vous implorez ?

Il n'y a aucune exagération, c'est absolument vrai !

« Vous excellez en admiration, mais pas de problème !

S'il vous plaît, écoutez la fertilité des mangues

Qui mûrissent sur l'arbre près de ce perroquet !

Star l'attraction de fruits luxuriants comme ça
Le printemps s'est formé et est arrivé », a-t-elle
déclaré !
J'ai répondu clairement dans une douce langue
tamoule,
« L'attraction des fruits dans le monde
échouera
Devant le charme succulent de tes joues
Cela attire les pensées de tout le monde !
Je raconte ma pensée ;
ce ne sont pas des mots excellents !

Elle a éclaté de rire, ce qui lui a fait rougir les
joues !
J'étais assis en silence, elle m'a convoqué près
d'elle,
« Observez la rivière qui coule de là et
La beauté des poissons, saute ici et là dedans
Où pouvons-nous trouver la joie
incommensurable
comme ça!"
Jasmine de nature, dit-elle avec son visage
fleuri !
J'ai dit en tamoul adolescent que changer de
pierre
comme fruit,
"Les poissons arrivent vite dans l'eau de la
marée argentée
Apprenez certainement l'art du jeu de saut
pendant longtemps
De tes grands yeux aux sourcils arqués !
Il n'y a aucun doute, ma chère... ! »

Elle a regardé mon visage pendant un moment
et a dit :
« Quoi que je dise, connectez-vous à moi !
Quelle imagination est-ce !
Elle s'est levée doucement !

23. CONNAISSANCE ET AFFECTION

Tu es incrusté dans le cœur comme sim dans le téléphone
Vous avez créé une mélodie avec diverses sonneries
Parlons et diffusons uniquement des histoires d'amour
Faisons flotter et souffler des flèches de mots uniquement !

Nous pouvons discuter via l'ordinateur
Nous pouvons sortir ensemble en imagination
Écrivons des lettres sur Facebook
Rassemblons les joies avec les entrées « J'aime » !

Même si la science gouverne le monde
L'amour souffle de beauté !
Bien que les ailes d'ingénierie prospèrent sur terre
L'affection du calibre grandit avec la manière !

24. LES LÈVRES

L'adobe des goûts !

Le début de l'extase !

Oh lèvre... Oh lèvre... !

Etes-vous et le livre... pareils ?

Non!

Non!

Le livre révèle les avantages

Seulement une fois ouvert !

Mais tu es une merveille ouverte !

Seuls les érudits peuvent percevoir le livre !

Mais même un profane

Je peux apprécier votre goût !

25. LA VÉRITÉ

C'est vrai

C'est vrai

Le monde entier est dedans !

Oui!

C'est ça la féminité !

C'est ça la féminité !

La terre entière est dedans !

26. LE BAISER

Ce qui Chauffe le sang

Refroidit l'esprit

La première étape

De la guerre nocturne

Le baiser

27. L'ENFANT

Le règne du pays berceau

Cela est issu de l'accord TheCot !

L'affichage de la nation relative

Cela a jailli du

Révolution nocturne !

28. CONSEILS

La vie humaine est faite d'énigmes !

Il a été réalisé avec

Hauts et bas!

Donc,

Cultivez la bonne pensée en tête

"Je suis pour toi, tu es pour moi

Et nous sommes pour nous"

Vivez pour évoquer

Délectez-vous du monde !

29. CRACKERS DE MER

Les crackers de la promesse,

Offert par les politiciens

Au moment de la fête électorale

Ont été trouvés mouillés,

Quand ils ont été licenciés

Dans la maison de la vie !

30. GARDE

Oh les gens...

La nuit,

Pourquoi es-tu allongé

Sur les bords de la route, réalisés par vos soins

?

Le protégez-vous du vol ?

31. LA PAUVRETÉ

je ne dérange pas
À propos de la honte qui m'est infligée
Fabriqué par certains pays !
Alors que mon règne continue
Avec drapeau dans de nombreux pays !

je ne m'inquiète pas
Si les villes échouent
Pour m'accueillir !

Pour
Je reste un invité permanent
Dans tous mes villages d'amour !

J'éclate de rire
Quand certains proclament
Qu'ils construiraient
Une catastrophe pour moi,
Qui n'ose pas se rencontrer
Même mon héritier a faim !

Je le sais clairement

Les générations à venir

M'enchaînerait

Parce que

Je suis un criminel accusé!

32. JE NE SAIS PAS

je ne sais toujours pas
Quelle liberté !

Quand ici ce n'est pas une situation
Tout cela peut devenir définitivement
Trois repas carrés par jour,

Lorsqu'un groupe de personnes
Couche avec le
Routes de coin comme lit

Je ne sais vraiment pas
Quelle liberté !
Quand les ouvriers sont épuisés
Et la providence est
Fait comme raison

Quand le pays regorge de tribunaux
Qui vend la justice
À l'argent et au pouvoir

Je ne sais vraiment pas

Quelle liberté !

Quand poser une question...

On dit

"Tous sont-

C'est la liberté...!

Ô putain !

Je ne sais toujours pas ça

Pourquoi avons-nous besoin de cette liberté ?

33. INDE

Alors que l'agitation continue
Pour la nourriture ici
Des révolutions pour les droits
N'explosez pas !

Le parlement
Se réunit ici
Pour faire passer quelques factures
Et surtout pour lister
Ceux qui sont sous le seuil de pauvreté
Et les atouts des riches !

Les gens qui ont
J'ai appris à m'incliner
Sur les conseils de Gandhi
Je n'ai toujours pas
Redressé!

34. ÉDUCATION

Le renseignement évolue
Par la mesure de
Apprendre, on l'obtient !
« Si l'éducation est freinée »
Le gang du pouvoir
Calcule et agit !

Quand l'argent et l'éducation
Sont liés
Combien de temps le
Pauvre et apprenant
Rester ensemble ?

Le pillage
Cela a lieu
Dans les écoles et collèges
S'appelle « Don ! »

Les étapes du collège

Sont encore un mirage

Pour beaucoup d'opprimés !

Un défi !

Les forces qui

Retenir un pauvre élève

De l'obtention d'une bonne éducation,

Arrêtez-le du

Flânez dans ses rêves comme

Médecin, avocat ou ingénieur ?

35. LES OUVRIERS

Vous le peuple

Qui sont nés pour travailler

Et ceux

Ceux-là façonnent le monde !

As-tu déjà pensé

À propos de vos droits ?

Vous rassemblez les fils

Tisser une robe !

Vous inventez les mots

Pour faire un livre !

As-tu déjà pensé

À propos de vos droits ?

Tu courbes le bois

Et fabriquez de nombreux biens !

Vous soulevez un malheur

Et attirez tout le monde !

As-tu déjà pensé

À propos de vos droits ?

Tu ouvres les routes

Et conduisez les véhicules !

Vous êtes des milliers

Dans les usines !

Mais as-tu déjà pensé

À propos de vos droits ?

Ô travailleurs infatigables...

Est-ce que l'esprit de peur

Et la disposition des esclaves

Vos biens ?

Comme la rotation de la Terre

C'est une nature,

Les êtres vivants tournent uniquement

Par vos actes !

Percevez et élevez-vous !

Unissez-vous et faites du bruit

La bonne voix !

Pensez mieux

Et prendre des décisions

Comme le monde l'adore !

Réussissez pleinement !

36. ÉLECTRICITÉ

Nous passons

Le fil de la vie

Au moyen d'un aimant d'effort !

C'est un électro-aimant !

Confiance-Électricité ?

Si l'électricité est interrompue ?

37. LE CHEMIN

Le pays !

Qu'est-ce qu'un pays !

Est-ce un endroit

Sur la carte du monde ?

Ou une partie qui

La géographie explique ?

Non, non !

Un pays, c'est des gens !

Et les gens veulent dire la vie !

Si nous préparons une liste

Dans cette perspective-

Pouvons-nous inclure notre pays

Dans cette liste ?

Hélas!

Nous ne pouvons pas !

Pour la caste

Divise les êtres humains,

Pour la pauvreté

S'attarde dans les maisons,

Pour l'argent

Règne partout-

Nous ne pouvons pas !

Bien!

Pouvons-nous le faire à l'avenir ?

Pourquoi pas?

Si les jeunes désirent

Cela pourrait être fait !

Comment?

Les jeunes devraient être plus vifs

Leurs esprits avec la flamme de l'éducation et

Ouvrez la voie à la révolution !

Y aura-t-il des obstacles et des pertes ?

Oui!

Il y en aura !

Pouvons-nous nager

Sans se mouiller ?

Pouvons-nous récolter

Sans transpirer ?

38. VOUS POUVEZ

Hé les gars... Des lionceaux... !
Hé les étudiants... des perles sans tache... !

Essayez de plier le vaste ciel
Cela se moque des pauvres paysans en retour !

Essayez de capturer la mer dans votre paume
Cela est devenu salé par les larmes des ouvriers
!

Essayez de changer la brise en tempête
Pour chasser la frénésie des riches qui
exploitent les travailleurs !

Commencez immédiatement avec ferveur à
l'esprit
Vous et vous seul pouvez tout accomplir !

39. NOUVELLES AILES

Contemplons

Oh, réfléchissons profondément !

Que tout le monde

Répondez aux besoins

De la nourriture, des vêtements et un abri !

Que chacun et tous atteignent

L'éducation naturellement

Cela donne de bonnes pensées !

Laissons monter l'opinion et l'écriture

Voix et acte

Indépendamment partout !

Contemplons

Oh, réfléchissons profondément !

Laissez les hommes et les femmes

Mêlez-vous à l'amour

Et profitez du bonheur pour toujours !

Laissons passer l'esprit

Dans les scènes de la nature

Et obtenez du plaisir chaque jour !

Qu'il y ait le

Générosité d'aider les autres

Même en automne !

Contemplons

Oh, réfléchissons profondément !

Laissons former le gouvernement

Cela nourrit la maison

Et sauvez la terre !

Laissez l'homme obtenir simultanément

Tendresse, courage

Et un intellect distinct !

Qu'il y ait la vérité

Au coeur

Pour tirer le fruit de la vie !

Contemplons

Oh, réfléchissons profondément !

40. IL

Il marche sur ses pas
Avec le soutien des soins !
Néanmoins, saute par-dessus
Beaucoup d'obstacles
Entre chaque étape !

Vous pensez peut-être que
Il est joyeux !
Mais on ne sait jamais
Combien de blessures y a-t-il
Encore cru dans son cœur !

Son esprit
Porte de grandes ambitions !
Ne sont-ce que des rêves ?
Ou ceux qui seraient
Réalisé demain ?

Il accepte la gaieté en silence !
Il oublie les malheurs par les

Poésie!

Il ouvre la voie

Pour la bienséance dans la vie !

Et

Il ne succombe qu'à l'amour !

À propos de l'auteur

AR. Arul Selvan est né en 1961. Il a pris sa retraite du département des postes indien et réside avec sa famille à Chennai.

Il écrit en tamoul depuis plus de 30 ans.

Ses écrits ont été publiés dans des magazines, diffusés à la radio et télédiffusés à la télévision.

Des livres contenant un recueil de ses poèmes, nouvelles, articles et pièces de théâtre ont également été publiés.

Email: writerararulselvan@gmail.com

www.ingramcontent.com/pod-product-compliance
Lightning Source LLC
Chambersburg PA
CBHW040109150726
48005CB00013B/1631